GIAN PIETRO MELIA

IL LATO FELICE

DELLA FOLLIA

-quando la follia

è un rifugio-

GIAN PIETRO MELIA

IL LATO FELICE

DELLA FOLLIA

-quando la follia

è un rifugio-

La psichiatria, l'arte di sanare la psiche, rimane ancora sulla soglia, invano cercando di pesare e misurare come si fa negli altri campi della scienza. Da molto tempo sappiamo che abbiamo a che fare con un organo ben definito, il cervello, ma, solo al di là di questo, al di là del substrato anatomico, arriviamo a quella che, per noi, ha veramente importanza: la psiche, come sempre impalpabile, che elude tuttora le nostre interpretazioni, per ingegnose che siano.

Carl Gustav Jung (1875-1961)

Nota dell'autore

Il *folle* e il *depresso* sono, sostanzialmente, dei *disturbati,* nel senso che vengono *disturbati* da fattori esterni (famiglia, società), che influiscono variamente sulla personalità.

Alcuni individui persistono in tale condizione passiva, senza reagire.

Altri, invece, scoprono il lato *felice e benefico* della *follia,* attenuandone e/o eliminandone effetti negativi sulla personalità in sviluppo.

g.p.m.

Luglio 2018

CAP. PRIMO

L'UOMO

DAVANTI AL MONDO CIRCOSTANTE

1.

Parlare e scrivere di *follia* è un tentativo arduo di rappresentare una realtà dotata di sfaccettature differenti. Numerosi sono gli elementi che la compongono e che si presentano agli *esaminatori* dei casi, veri e/o presunti, di *follia*.

In effetti, avvicinando ogni singolo soggetto e qualificandolo *anormale* sotto il profilo strettamente psichico, si potrebbe paradossalmente arrivare ad un'inversione di posizioni, nel senso che, in ultima analisi, il *folle* potrebbe presentare i sintomi del *saggio-normale,* così come comunemente lo configuriamo.

Questa premessa tende a indurre l'individuo considerato *normale* a sospendere il giudizio sugli altri in attesa, quanto meno, di confrontare i diversi fattori che reciprocamente si combinano nella mente e nella condotta del cosiddetto *folle.*

Tale atteggiamento è del tutto rispondente ad una naturale esigenza di prudenza e ad un'efficace osservazione davanti alle esperienze altrui. Nello specifico rapporto tra medico e malato, in particolare, questa posizione potrebbe anche introdurre una pacifica e fruttuosa inversione dei ruoli: cioè, da un lato, il curante, o aspirante-curante, si presenterebbe e si presenterà come *paziente* premuroso intento ad ascoltare; dall'altro, colui che si è manifestato come paziente diverrebbe *malato-curatore,* in grado di esprimere potenzialità *terapeutiche,* prima rimaste velate per volontà, per indifferenza e/o per assenza di condizioni favorevoli.

Ovviamente, il fenomeno sopra esposto non deve indurre a facili, fuorvianti e ingannevoli generalizzazioni. Tuttavia, nel contempo, non si può negare che, davanti al concreto instaurarsi dei rapporti interpersonali, l'osservazione sopra delineata è desumibile da non pochi casi che lo specialista è in grado di rilevare.

Prima di inoltrarci nel tema, è opportuno richiamare sinteticamente alcune nozioni di psicologia, utili per inquadrare ulteriori specifici aspetti che verranno trattati.

2.

Che cosa si intende per Psicologia?

Intanto, va subito detto che una definizione esaustivamente comprensiva è difficile da fornire sia per l'oggetto in sé sia per i metodi con cui viene affrontata.

Riguardo all'oggetto, essa si rivolge, come ogni campo dello scibile, all'uomo, segnatamente tanto negli aspetti in cui l'uomo medesimo si compone, quanto nel comportamento con cui egli si manifesta agli altri, nonché negli stati di coscienza del tutto interiori dai quali l'individuo trae le manifestazioni socio-culturali. La Psicologia studia questi fenomeni per ricavarne delle leggi più o meno coerenti e appropriate. In vista di tale obiettivo, vengono via via adottati metodi, che rimangono sempre limitati dalla particolarità dell'oggetto di studio rappresentato dallo stato di coscienza interiore dove a chi sta fuori è difficile penetrare con assoluta efficacia. In buona sostanza, quella che mira ad essere *osservazione scientifica,* in questo ambito, presenta un aspetto che deve indurre a prudenza nelle conclusioni.

Nelle scienze, in genere, ogni sviluppo conoscitivo avviene dietro l'osservazione di fenomeni, che inducono il ricercatore a determinate ipotesi, che, ovviamente, vanno verificate e riprodotte per essere, poi, confermate mediante pertinenti sperimentazioni dove, a specifiche condizioni, il fenomeno si ripete oppure, facendo mancare determinate condizioni, il fenomeno è assente.

Tuttavia, soprattutto in considerazione del suo oggetto, l'esperimento in Psicologia viene ristretto ad alcuni fenomeni che siano capaci di dimostrare l'assunto o tesi dell'osservatore.

In questo caso, il risultato dell'esperimento e/o dell'osservazione viene falsato da quello che Jean Delay e Pierre Pichot qualificano <<l'inclinazione dell'osservatore>>. Questo rischio è sempre in agguato, anche quando si mettono in campo armamentari di precauzione, come da esperimenti ripetuti, secondo la tecnica del <<campione di tempo>>, cioè separando i tempi di osservazione con intervalli più o meno lunghi e più o meno preventivamente calcolati.

3.

William James definisce la Psicologia come << la descrizione e la spiegazione di stati di coscienza in quanto stati di coscienza >>. In questa profonda personale individualità nessuno può inserirsi in misura completa, se non il singolo stesso. Di conseguenza, il metodo opportuno ed efficace appare ed è l'*introspezione,* di cui è capace l'individuo. A questa Psicologia si contrappone quella che Watson ha definito come << studio delle relazioni obiettivamente osservabili che un organismo compie in risposta a stimolazioni a loro volta obiettivamente osservabili provenienti dall'ambiente >>. Secondo questa ottica, evidentemente, l'*introspezione* diviene utilizzabile soltanto nel momento in cui si manifesta in un qualche atteggiamento, anche se, in tale circostanza, non si può stabilire fino a che punto coscienza interiore e condotta esteriore coincidano o, per qualsiasi motivazione velata o chiarita, tendano a divaricarsi.

Di conseguenza, data la difficoltà surrichiamata nel ricostruire i fenomeni interiori della coscienza, la Psicologia contemporanea mira a costituirsi come scienza del comportamento, pur riconoscendo il valore prioritario dell'*introspezione,* ancorché limitata ai fenomeni psichici coscienti dinanzi ad un'attività mentale doviziosa allo stato inconscio.

Accanto all'introspezione, del resto, va considerata quella che alcuni psicologi chiamano << intuizione partecipante >>. Anche se non può costituirsi come metodo scientifico secondo i canoni classici, questa intuizione induce a comprovare in noi stessi quanto l'interlocutore vive dentro di sé. Non si tratta di una conoscenza perfetta, ma è pur sempre una condizione per comprendere ad un livello ragguardevole i problemi che il nostro simile sta vivendo e maturando. Anche il filosofo Henry Bergson parla di intuizione come << visione dello spirito per mezzo dello spirito >>, peraltro da alcuni rifiutata per l'evidente implicazione metafisica e mistica, ancorché, in qualche misura, condivisibile e utilizzabile.

4.

La prima azione con cui l'uomo si presenta a se stesso è la conoscenza, nel senso che il nostro conoscere avviene per gradi ed è acquisito. Non esiste, limitatamente all'uomo, una conoscenza innata o infusa. La conoscenza viene acquisita o, se si preferisce, avviene attraverso l'*influsso* dell'oggetto da conoscere, insomma, per usare una termologia concreta, attraverso l'*incontro* tra il soggetto che ha la capacità di conoscere e l'oggetto che si pone davanti ai sensi per essere percepito e analizzato. Nel soggetto conoscente si imprime, per così dire, l'idea di un determinato oggetto. Tale idea non è chiaramente l'oggetto, che, nella sua realtà, è presente fuori dalla mente di colui che conosce. Essa è, piuttosto, una *species vicaria obiecti,* cioè una forma sostitutiva della cosa conosciuta o, come dicono i filosofi scolastici, una <<forma impressa>>. In altri termini, l'oggetto *imprime* la sua natura nella mente del soggetto capace e curioso di conoscere.

Con tale operazione mentale, il soggetto da *inerte* diviene parte conoscente *attiva*, cioè in grado di comprendere l'oggetto. Quindi, mediante il conoscere, il soggetto rende *psichicamente suo* ogni oggetto prima estraneo e inconosciuto. In questo modo, è evidente che si conosce, qualcosa non in quanto misurabile e palpabile, bensì come qualcosa che risulta essere *ciò in cui (tramite cui)* si conosce. L'idea è un tramite che ci pone in rapporto su ogni futura conoscenza dello stesso oggetto, di cui, nella mente o nella memoria, si possiedono le caratteristiche. Pertanto, avendo l'idea di sedia, ogni volta che si vede un elemento con specifiche caratteristiche di sedia, si ripete questo concetto già precedentemente acquisito.

Si può, quindi, propriamente affermare che la conoscenza, da un lato, è processo *attivo,* in quanto essa è originata dal soggetto, e, dall'altro, è azione *immanente,* in quanto l'esito del processo medesimo rimane nel soggetto.

Secondo Aristotele, infatti, colui che conosce diviene, in certo modo, tutto ciò che conosce, nel senso che il contenuto della conoscenza influirà, in una direzione o nell'altra, sulla condotta e, specificatamente, sulle scelte della persona.

Esaminando le modalità di conoscenza, è possibile trovare conferma all'assunto di Aristotele.

5.

La conoscenza nasce e si sviluppa per mezzo di sensi esterni ed interni. Qui, si sintetizza l'argomento nella misura in cui è utile all'impianto generale di questo libro, che non è evidentemente un compendio di Psicologia, anche se si serve di questa.

5.1

I primi passi verso la conoscenza avvengono attraverso gli organi detti esterni: la vista, l'udito, l'odorato, il gusto e il tatto, che, a loro volta, si possono ulteriormente specificare, come il tatto (con due funzioni: percezione della resistenza e della temperatura) o la vista (l'occhio percepisce l'oggetto a contatto, ma non in quanto materialmente in contatto).

Dopo la percezione dell'oggetto mediante i sensi esterni, le immagini si imprimono all'interno dell'individuo e vengono elaborate dai sensi *interni,* che, relativamente al processo conoscitivo, risultano fondamentali nelle scelte e nella condotta di ogni individuo.

I filosofi scolastici individuano il processo dei sensi interni, nelle modalità che, di seguito, brevemente descriviamo.

Il primo fattore in azione è il <<senso centrale-coscienza sensitiva>>, che opera in due direzioni: per prima cosa, esso distingue i dati provenienti mediante i sensi esterni; allo stesso tempo, permette al soggetto di *sentire,* cioè il soggetto che ha subito l'influsso dei sensi esterni si rende conto che *sente* e, quindi, in una parola, ha *coscienza di sentire.* Insomma, si vede un oggetto e, contemporaneamente, il soggetto vedente ha la coscienza di vederlo. Altrimenti, vedere una cosa e non avere coscienza di vederla sarebbe una sensazione, per così dire, *inconscia,* cioè una *non-sensazione.*

Altri sensi interni sono la fantasia, la memoria e la conoscenza degli istinti, che si distinguono dal senso centrale-coscienza sensitiva testé richiamato in quanto, per essi, non è richiesta la presenza di uno specifico oggetto da conoscere e in quanto essi possono operare astraendo da fattori concreti e tangibili.

La fantasia, pur partendo da una cosa reale, opera per scomposizione e ricomposizione di un oggetto anche aggiungendo, diminuendo e/o sottraendo dettagli appartenenti a oggetti diversi e contrapposti.

5.2

La memoria è la facoltà di riconoscere oggetti con cui, in precedenza, si è entrati a contatto. Essa ha coscienza dei fatti passati come passati e può riguardare sia *riconoscimenti sensitivi,* cioè ricordi legati ai sensi esterni, sia *riconoscimenti intellettivi,* cioè elaborazioni di tipo intellettuale. In effetti, i due generi di memoria non vanno automaticamente di pari passo, potendosi verificare la presenza di una memoria sensitiva prevalente su una memoria intellettiva soccombente.

5.3

Il quarto senso interno da evidenziare è l'istinto, che si può definire come una/la modalità di comportarsi spontanea, così come viene senza altra valutazione, da parte dell'animale e dell'uomo. L'istinto, in questa prospettiva, è rivolto, di per sé, al conseguimento di un bene, cioè di un obiettivo che è il soddisfacimento di un'esigenza. Ciò avviene attraverso una facoltà conoscitiva che discerne l'utilità o la nocività della realizzazione di uno specifico istinto. Tale capacità, limitatamente agli animali, è, in certo senso, una *vis aestimativa* (forza estimativa). Nell'uomo, invece, la stessa facoltà è una *vis cogitativa*, in quanto attivata dal pensiero (da <<cogitare>>=pensare) e in quanto valutazione preventiva, esercitata dall'uomo, sulla corrispondenza tra scopo da raggiungere e metodi da utilizzare.

Da quanto fin qui sintetizzato, si desume un'osservazione importante per il prosieguo della trattazione del tema in questione:

.due elementi presiedono alla conoscenza umana: i sensi e l'intelligenza, donde derivano, rispettivamente la conoscenza

sensitiva e la conoscenza intellettiva;

.i due tipi di conoscenza sono differenti, ancorché inerenti fra loro.

In misura preminente la differenza si evidenzia nell'oggetto. Infatti, da un lato, la conoscenza sensitiva si limita alla verifica di un oggetto visibile e tangibile, nella singolarità della sua presenza; dall'altro, la conoscenza intellettiva estrae da elementi concreti concetti di natura universale applicabili a tutti gli oggetti/soggetti di una determinata specie o categoria. La conoscenza intellettiva, per così dire, si *astrae,* si colloca fuori dal singolo oggetto/soggetto osservato per *edurre (e-ducere=portare fuori, alla luce)* componenti comuni delle varie categorie di oggetti, eliminando connotazioni individuali.

6.

L'attività intellettiva si esplica attraverso tre processi che, qui, si espongono.

6.1.

Il primo atto è l'elementare *sensitivo* contatto con un oggetto, una persona, una cosa. In questo modo, l'uomo opera una primordiale apprensione su qualsiasi cosa gli si offre davanti ai suoi sensi. Peraltro, non pochi individui si soffermano su questo genere di conoscenza, senza attivare alcuna valutazione. Per loro vale soltanto questo *criterio* di conoscenza, coltivando un modo ingannevole di giudicare che, in altra parte di questo testo, qualifico *a naso*. E da questo, purtroppo, non si discostano, poiché preferiscono restare nei loro erronei pregiudizi.

Sostando nella sfera della semplice apprensione, l'uomo non può sviluppare alcuna riflessione né alcun ragionamento né, tanto meno, alcuna fertile apertura alle idee altrui, impedendo qualsiasi pronunciamento sulla verità o sulla falsità.

6.2.

Il secondo passo ravvisabile è il giudizio, che è, in concreto, l'atto basilare attraverso cui si mostra l'intelligenza umana e che è, per così dire, propedeutico al ragionamento, cioè al modo di rapportarsi con le idee personali (dialogo interiore) e interpersonali (dialogo *ad extra,* verso fuori, con gli altri).

I primi giudizi che l'uomo esprime sono di ordine *sperimentale,* nel senso che si deducono, in modo diretto e intuitivo, da esperienze singole di cui è stato ed è protagonista o spettatore. Per esempio, vedendo un determinato oggetto, l'uomo espone una definizione o lo scopo per cui è utilizzabile lo stesso oggetto.

I giudizi che definiamo *concettuali,* invece, mettono a confronto due prospettive diverse. L'analisi tra due concetti tende a evidenziare la natura del rapporto che i medesimi concetti considerati hanno tra loro. Tanto per capire, due concetti esaminati possono avere tra loro rapporti o di inclusione (e sono detti <<pertinentes >>), o di opposizione (e sono detti <<impertinentes >>), senza alcun legame.

6.3.

L'ultimo passaggio del processo conoscitivo è il ragionamento, che non può avvenire senza aver compiuto le operazioni prima accennate.

Ragionare ha uno scopo: raggiungere la verità o il vero limitato ad un argomento specifico. Si parte da uno o più dati conosciuti per arrivare via via a elementi nuovi che si innestano sui precedenti in modo logico mediante l'osservanza di adeguate regole, a loro volta stabilite in Logica.

Ragionare significa inserire una nozione/concetto seguente ad altri precedentemente dedotti per giungere ad una conclusione coerente con tutta l'architettura via via elaborata.

Il processo intellettivo e' cosciente, nel senso che l'uomo, soggetto conoscente, acquisisce con consapevolezza nozioni sempre nuove, che, tuttavia, non si eliminano nel momento in cui lo stesso processo è rivolto a ulteriori arricchimenti.

A questo punto una annotazione particolare va fatta sulla posizione del cercare e del ragionare rispetto alla verità, verso cui si presuppone vada rivolto il ragionamento, che, ovviamente, si porta dietro tutto il complesso *armamentario* di esperienze, di sentimenti, di passioni, di interessi, di inclinazioni, persino di manie, di *idoli* in senso vastissimo, di conformismi e via dicendo. Sottolineo questo aspetto perché, anche nel ragionare e nel giudicare, l'uomo opera in tutto se stesso, inserendo il suo passato anche nell'*inconsapevolezza incolpevole* di ragionare male, a prescindere dalla possibile *consapevolezza colpevole* di introdurre argomentazioni volutamente erronee e citazioni infedeli.

Ma, in questo caso, si è del tutto fuori dal ragionamento traguardato alla verità, indipendentemente dal raggiungimento o meno di questo obiettivo. Il che è altro tema.

7.

Nell'uomo l'intelligenza inferisce negli istinti o, come altri dicono, nelle tendenze istintive, che, come già detto, si presentano alla maniera di condotte spontanee e che si manifestano eminentemente nel bambino, nonché, dato l'argomento di questo libro, in adulti nei quali lo sviluppo dell'intelligenza potrebbe aver imboccato e potrebbe sempre inserirsi in sentieri differenti e, come si usa dire, *anomali* (attributo non meglio specificato e da assumere con tanta necessaria cautela!).

Alcuni istinti, come il poppare da neonato, scompaiono evidentemente col crescere dell'età. Altri sottostanno o devono sottostare alla volontà dell'individuo, maturata con intelligenza.

L'intelligenza comprende l'utilità di un determinato bene e induce la volontà a dirigere le scelte verso quel bene, che, in buona sostanza, si identifica con il profondo appagamento di vita cui tende ogni uomo.

L'esercizio della volontà deve essere libero. Ma la realtà riporta all'attenzione diversi fattori esistenziali endogeni ed esogeni che condizionano e/o limitano la condotta dell'uomo in singole circostanze, benché si abbia, per così dire, *coscienza della propria libertà,* spesso in alcuni momenti circoscritti. Ma, in senso generale, tenuto conto dei vari condizionamenti, l'uomo è chiamato a cercare e a guadagnare la personale libertà, anche sottomettendo l'appetito sensitivo ad un fine che oltrepassa il semplice oggetto temporalmente desiderato e agognato.

Come propria caratteristica va rilevato che la volontà non è configurabile in una funzione prettamente organica, distinguendosi dall'appetito sensibile a motivo dei vari gradi di libertà con cui può manifestarsi attraverso il costante superamento dei condizionamenti endogeni ed esogeni.

CAP. SECONDO

LA PERSONALITÀ

8.

Le argomentazioni fin qui riprodotte inducono a sviluppare alcune riflessioni sul soggetto che è l'uomo, in quanto, egli stesso, risulta parimenti *oggetto* di osservazione relativamente al tema conduttore qui trattato, che è la *follia* e che via via rimane come cornice sempre presente.

In campo filosofico, tre sono le concezioni sull'uomo, che stanno una contro l'altra e che sono plasticamente riducibili alle seguenti affermazioni:

. l'uomo è materia, destinata a scomparire con il progressivo degradarsi dell'elemento corporeo;

. l'uomo è puro spirito, sul genere degli angeli;

. l'uomo è concepito come un insieme di spirito e di materia, come una *sintesi* che, peraltro, constatiamo anche ignorando la storia della Filosofia.

L'uomo non è né angelo né animale. Quindi, anche definirlo come <<animale ragionevole>>

appare improprio e, in certo senso, contraddittorio: se viene considerato *ragionevole,* l'uomo non può far parte del regno *animale,* dato che, nel linguaggio comune, animale è sinonimo di bruto, di bestia.

D'altra parte, l'uomo e l'animale così intesi sono dotati di una certa vitalità supportata dal nutrimento e da organi sensitivi similari, ma l'operatività intellettiva cosciente differenzia e caratterizza il primo dal secondo in misura notevole e determinante.

L'uomo occupa un ruolo centrale tra la sfera materiale e il puro spirito, qualificandosi come singolo e come persona, in una sintesi che, spesso, è difficile scomporre nella prevalenza dell'una (materia) e dell'altro (spirito).

9.

Il paragrafo 8 ha operato un salto fugace sul rapporto che la Psicologia ha con la Filosofia e del quale, qui, *en passant,* faccio cenno.

Psicologia e Filosofia si sono via via distinte dall'originaria posizione comune, creando anche tratti polemici: la prima disciplina rimane, infatti, orientata verso l'osservazione e l'esperimento; la seconda privilegia la speculazione e la riflessione sulle *primissime cause* del mondo e dell'esistenza.

Concludo il riferimento con le parole di Bruch:

<<È compito della Filosofia ripercorrere, con la riflessione, il cammino di tutte le scienze e di tutte le attività umane. Ma la Filosofia ripercorre il cammino più intimamente della Psicologia, perché, non avendo bisogno di invertire il senso di un'attenzione già rivolta a ciò che è umano, le è sufficiente un semplice approfondimento>>.

Anche Cartesio(1596-1650) individuò due componenti nell'uomo: anima e corpo {dualismo cartesiano), mentre l'associazionismo tendeva a scomporre il pensiero in tante parti o atomi (atomismo psicologico). A fronte di queste estreme concezioni prevale, oggi, la visione dell'uomo quale organismo complesso ma unificato, un *unicum,* nonostante la possibilità di analisi settoriali, che, tuttavia, vanno, per così dire, *gerarchizzate* sulla base di valori individuati. In tale concezione, chiamata <<olismo>> (dal greco *olos=tutto),* si evita di ritenere l'organismo una semplice sommatoria di particelle.

In campo strettamente medico, questa prospettiva è evidente nell'efficacia del trattamento terapeutico, che, oggi, si tende ad elargire sulla base di una considerazione globale del paziente, visto non solo nella temporanea specifica patologia ma anche nello *sfondo* della sua esistenza e della sua psiche.

Questo dato complessivo è l'esito dello svolgimento di una vita, che ha avuto e continua ad avere inferenze anche e, spesso, soprattutto a livello inconscio di susseguenti stati d'animo che incidono, tuttavia, sulla psiche, sedimentandosi e stratificandosi, per, poi, anche riemergere in circostanze impreviste.

10.

Come sotto l'aspetto somatico, anche sotto il profilo psichico sono significative le influenze legate a dati ereditari e a fattori provenienti dall'ambiente, intendendo per ambiente un'ampia gamma di realtà, a cominciare dalla famiglia fino ad includere la scuola e le compagnie. D'altro canto, non è sempre agevole sceverare, in modo netto, l'influsso proveniente da elementi ereditari e da quelli acquisiti nell'ambiente in varia misura. Ma non è qui il luogo per trattare questo argomento. È, invece, importante stabilire, fin dove è scientificamente possibile, le modalità con cui avvengono le inferenze tra fattori ereditari e fattori ambientali, nell'accezione più ampia dei termini. Un contributo fondamentale al riguardo viene offerto da K. Lewin, il quale ha attentamente rilevato che l'ambiente non va considerato nella sua astrattezza esterna all'individuo, ma esso va configurato, nel concreto, come l'insieme delle percezioni che ciascun individuo riceve e che, soprattutto, elabora nella sua mente, anche sulla base di sentimenti in precedenza sperimentati e di bisogni contingenti.

In una parola, uno stesso quadro ambientale viene percepito in modo differente da due persone e verrà *letto,* cioè acquisito e vissuto o rifiutato secondo una visione personale, profonda o superficiale.

11.

Le riflessioni precedenti aprono lo sguardo ad alcune osservazioni sulla cosiddetta <<normalità>>, che, fenomenicamente, trae origine dall'incidenza di fattori ambientali e di fattori ereditari.

La nozione di normalità si esplica in tre significati, secondo l'ottica che si privilegia.

11.1.

Cominciamo con la normalità *statistica.* In questo ambito, la nozione di normalità viene acquisita, cioè statuita, sulla base della frequenza con cui un determinato fenomeno si verifica e viene registrato. Come si può dedurre, questa normalità è connessa al numero, alla quantità degli eventi, esulando, in via prioritaria, dalla *qualità,* dal valore intrinseco in senso personale e in riferimento all'incidenza sul sociale. Di conseguenza, secondo questo criterio, sono *normali* l'individuo e l'evento che più si accostano alla moltitudine, alla frequenza del ripetersi.

Nello specifico, l'uomo tende a considerare *normale* colui che presenta caratteristiche di pensiero e di comportamento, riscontrate nella maggior parte delle persone con cui si entra a contatto. Occorre inserire nel concetto di *pensiero* e di *comportamento* prima richiamati anche tutto ciò che la cultura *contigua* (tv, serials, intrattenimento ecc.) immette nel circuito comunicativo, anche, per lo più, senza provocare reazioni e rifiuti da parte dell'utente.

In questo modo, la normalità *statistica* diventa automaticamente normalità *soggettiva,* normalità comune e accolta senza problemi a livello psichico individuale.

11.2.

Accanto alla normalità *statistica* si annota una normalità che si può definire *ideale,* sia pure con molta cautela.

Essa, infatti, rischia, a tratti, di confondersi con quella *statistica,* che, come detto, è prettamente numerica e quantitativa, soprattutto nel momento in cui quella *ideale* è riferibile, nonché viene riferita ad una specifica società. In tale ottica, la normalità statistica imperante difficilmente diviene oggetto di contestazione da parte della generalità degli individui operanti nella medesima società da cui trae supporto il *modus vivendi* imperante.

Peraltro, anche le notizie sulla frequenza di un determinato fenomeno possono indurre le persone a identificare la normalità *ideale,* quindi accettabile e replicabile da una sempre più ampia platea, nella normalità *statistica,* senza alcun rifiuto. In tal modo, finisce la differenziazione tra qualità e quantità di comportamenti sia soggettivi sia sociali.

Pensare che una condotta viene reiterata e *medializzata* con frequenza da molti individui rappresenta un richiamo a imitare quella stessa condotta. È, in certo senso, una normalità *indotta* dalle offerte multiformi dei mezzi di comunicazione in senso ampio, includendo in questi ogni strumento utilizzato per trasmettere messaggi indipendentemente dal contenuto. All'interno di questa *normalità* va considerata quella diffusa dai cosiddetti **VIP,** che dettano legge e che, per le loro apparizioni in pubblico, trasmettono comportamenti e idee che diverranno di dominio generale e che, perciò, diventano erroneamente *ideali.* Notiamo, per esempio, un fatto: se uno di tali vip usa due scarpe di diverso colore o anche di diverso stile fra esse, nessuno si permette di giudicare *anomalo* o, peggio, *anormale* questa persona. Un individuo qualunque, sconosciuto dai più, per lo stesso comportamento, viene definito *anormale,* non nel semplice senso di fuori dalla norma statisticamente intesa, bensì nel significato profondo di *strano, fuori di testa, folle* e, quindi, da sottoporre a specifiche terapie.

Evidentemente, funziona, come in altre circostanze, la differenza di criterio nel giudicare la condotta di un individuo da parte della comunità in cui si vive, differenza determinata segnatamente dalla mancanza di senso critico.

12.

In precedenza, si è detto che l'individuo si rapporta col mondo circostante attraverso i sensi. Lo stesso concetto di normalità riflette, positivamente e/o negativamente, gli influssi di questo rapporto naturale.

Le sensazioni non si arrestano. Esse danno luogo alle percezioni, che, secondo la definizione di Pièron, sono la presa << di conoscenza sensoriale di avvenimenti esteriori che hanno dato origine a sensazioni più o meno numerose e complesse...Ogni sensazione fornisce un **percetto >>**, cioè un alcunché che viene percepito. Va notato, tuttavia, che ciò che viene **percetto,** cioè percepito, non corrisponde all'intera struttura dell'oggetto che si pone davanti ai sensi. L'uomo ottiene un riflesso dell'oggetto, sulla base del grado di *visibilità* del medesimo oggetto e sul grado di *visione* intellettiva e psichica di colui che guarda: *visione* dove non mancano condizionamenti di varia natura e di varia intensità, inducendo l'osservatore a propendere per l'uno o l'altro comportamento.

Quindi, il soggetto non percepisce fenomeni sensitivi unici e isolati, ma sensazioni plurime su sensazioni gradualmente stratificate e sedimentate in tutto l'essere.

Anche di fronte ad un singolo evento psichicamente rilevante il soggetto percepisce un quadro più ampio e più articolato che dà origine a sensazioni e valutazioni sempre più ricche. La percezione appare, essenzialmente, come un processo prettamente individuale, differente da soggetto a soggetto. Esso avviene all'interno di un campo che, via via, almeno in linea teorica, tende ad estendersi in quanto dovrebbe interiorizzare nuove esperienze.

12.1.

Come si diceva prima, la percezione si innesta in precedenti sensazioni e precedenti percezioni. Questo processo denota come il basilare fattore che inferisce e interagisce nella percezione è la personalità. Quanto maggiore e forte risulta la personalità tanto minore sarà l'incidenza negativa della percezione che vedrà ridotto o ben strutturato il suo campo di applicazione.

La personalità predominante manifesterà un elemento di criticità nelle motivazioni di cui essa è capace di addurre nel momento del rapporto con il mondo esterno. Possono essere motivazioni di tipo *sommatorio,* nel senso che le nuove percezioni serviranno all'individuo per confermare sue ipotesi, suoi giudizi, suoi pregiudizi ovvero di genere *critico,* nel senso che le nuove percezioni saranno esaminate e valutate con un ampio margine di obiettività prima di essere recepite e/o rifiutate. In un caso o nell'altro, il ruolo della personalità svolge il suo compito, che, qui, è fuori luogo giudicare sotto il profilo morale.

Comunque, soprattutto in una società enormemente globalizzata e *glebalizzata,* non sarà mai sufficiente mettere l'accento sul ruolo che i fenomeni e i fattori sociali esercitano sull'individuo, ruolo vieppiu' pericoloso ove questo individuo non attivi, per mancata educazione o per inerzia intellettiva, una reazione consapevole davanti a quanto proviene dall'esterno. In molte circostanze, si verificano vere e proprie *allucinazioni collettive,* nel momento in cui l'evento percepito è strutturato per catturare l'attenzione del soggetto, ancor meglio se il soggetto è inserito passivamente in qualsivoglia gruppo, poco importa, alla fine, se democratico o meno. Tanto, il gruppo, difficilmente, garantisce espressioni di profonda appagativa libertà. La libertà, in determinati gruppi, è seguire le regole e gli indirizzi dettati da uno o più leaders.

13.

Una percezione particolare è quella riferita al tempo. Qui, se ne restringe la trattazione a qualche aspetto utilizzabile entro l'ambito dell'argomento-*follia.*

Così, citiamo il tempo come *presente psicologico,* che P. Fraisse così rappresenta: <<Posso rappresentarmi gli avvenimenti passati, sapere quanto tempo è trascorso da essi fino al giorno che sto vivendo e, ciò nonostante, non avere esperienza della durata che me ne separa, a meno che il rimpianto del passato, per esempio, e il desiderio di riviverlo non mi faccia prendere

coscienza dell'intervallo trascorso>>.

13.1.

La percezione presenta anche elementi che sconfinano e dimorano in aspetti patologici, importanti da considerare nell'economia del nostro testo.

I disturbi patologici si esprimono secondo gradi che vanno individuati e inquadrati entro un'analisi complessiva del soggetto, termine preferibile a quello di **paziente** comunemente adottato secondo una visione *gerarchizzata* del rapporto con il medico.

Tralasciamo la questione sotto il profilo strettamente biologico, anche se certe patologie hanno una struttura più complessa con inferenze reciproche tra l'ambito fisiologico e quello eminentemente psichico. Conosciamo la suddivisione del cervello in zone corticali sensitive e in zone gnostiche, nonché la corrispondente individuazione dei danni (le cosiddette **agnosie,** riguardanti, per esempio, l'udito, la vista ecc.), prodotti dalla lesione delle stesse zone.

Qui, interessa osservare i disturbi della percezione in ambito più elevato, cioè in ambito psicologico, non ignorando, come detto, che i disturbi, per così dire, *superiori,* possono essere collegati a disturbi nelle zone gnostiche del cervello. Tuttavia, non ci soffermeremo a lungo. È sufficiente delinearne qualcuno per quel tanto che risulta utile a rappresentare una prospettiva di visibilità, dove la *follia* o, almeno, qualche aspetto di essa possa trovare accoglienza in modo coerente con il rispetto della persona nel suo essere complesso, evitando giudizi sommari che impediscono di individuare *cause* e *colpe* riferibili alla stessa *follia*.

13.2.

In primo luogo, ci sono le **allucinazioni,** che si definiscono come **percezioni senza oggetto.**

Sutter le precisa nei termini seguenti: << Ogni esperienza interna che porta un individuo a comportarsi come se provasse una sensazione, quando le condizioni esterne di questa sensazione non si trovano realizzate>>. Le allucinazioni possono presentarsi a livello elementare (per esempio, barlumi, ronzii) o complesso (figure di persone, animali) e possono pervenire attraverso tutti i sensi.

Una particolare allucinazione da evidenziare è quella che si registra nella schizofrenia e che presenta stati deliranti: qiindi, sintomo di una patologia mentale da osservare. Jean

Delay, al riguardo, annota: << Il soggetto ha l'impressione di percepire direttamente, come per telepatia, idee, ordini e commenti sulle sue azioni>>.

Le allucinazioni, quindi, rappresenterebbero la conseguenza di una proiezione di idee interne coltivate dall'individuo in modo del tutto autonomo rispetto al mondo esterno, vicino o lontano sia nel tempo sia nello spazio. Tempo e spazio risulterebbero del tutto indipendenti rispetto al tempo e allo spazio della realtà. In tal modo, per esempio, il soggetto, convinto che è odiato, udrà discorsi ingiuriosi da parte di qualcuno considerato suo nemico.

Insomma, in ultima analisi, fenomenicamente, anche questo comportamento trova la sua ragion d'essere in un bisogno.

14.

Col termine **bisogno** si configurano le <<manifestazioni naturali di sensibilità interna che risvegliano la tendenza a compiere un'azione o a cercare determinati oggetti >> (Pieron). Accanto al **bisogno** genericamente inteso si adotta il termine più ristretto e pregnante di **pulsione** per sottolineare la potenza interiore che induce la persona verso un determinato fine, superando ostacoli. L'appagamento dello scopo si configura come la motivazione determinante e inequivocabile di un processo che, a qualunque costo, deve essere intrapreso, al di di ogni altra valutazione sia di natura morale sia di ordine sociale. La condotta dell'individuo, in tali circostanze, è diretta verso uno scopo specifico. Perciò, può essere qualificata come *condotta appetitiva* e terminerà la sua funzione nel momento in cui l'appagamento sarà raggiunto unitamente alla riduzione del modo di agire precedentemente motivato o nel momento in cui lo stesso obiettivo può essere seguito o accompagnato da diminuito interesse, se non, addirittura, da indifferenza.

Detto ciò, i bisogni primari sono quelli connessi con il vivere strettamente materiale come la fame, la sete, il riposo e simili, da ogni individuo naturalmente *sentiti,* ai quali vanno aggiunti, almeno in via ipotetica, altri bisogni eminentemente immateriali, come l'esigenza di conoscere e di accrescere la conoscenza, sotto lo stimolo di una curiosità innata, che mira ad esplorare campi nuovi per necessità personali e/o professionali.

Per completare l'argomento, bisogna ricordare la distinzione tra bisogni *manifesti* e bisogni *occulti,* operata da Murray: i primi si espongono anche verso l'esterno, al contrario dei secondi che si tende a coprire in conseguenza di remore o impedimenti dell'ambiente.

Interdipendenti con i bisogni manifesti o coperti sono due esperienze che ogni uomo può vivere, a seconda che gli stessi bisogni trovino o no appagamento.

Il mancato soddisfacimento provoca frustrazione e crea conflitto. L'ostacolo, che si frappone tra lo scopo da raggiungere e il bisogno che motiva ed attiva il processo di appagamento, induce una situazione *frustrante,* che, nel migliore dei casi, può produrre idonei adattamenti. Ma, in certe circostanze, genera conflitti maggiormente importanti e pericolosi se la personalità che subisce l'evento risulta interiormente *inidonea* ad affrontare la difficoltà imprevista. Nell'animale, la frustrazione è chiaramente manifestata attraverso atti aggressivi.

Nei bambini, la reazione alla mancata soddisfazione di un bisogno è generalmente espressa col pianto. Il problema richiede più attenzione nell'adulto, considerato che si tratta di un soggetto che ha accumulato una serie di esperienze, tra cui sono da rimarcare quelle a livello inconscio di stato d'animo, rimaste latenti e pronte a manifestarsi all'occasione e senza *preavviso.*

Infatti, se, anche nell'adulto può registrarsi l'aggressività, questa è, spesso, meno individuabile nei suoi contorni e, soprattutto, nei suoi scopi reconditi.

La condotta prevaricante si rivolge verso/contro un oggetto/soggetto/evento esterno che agisce da ostacolo davanti al raggiungimento di uno scopo, indipendentemente dalla liceità o meno di questo scopo.

È opportuno anche aggiungere che, non di rado, le frustrazioni e i conflitti trovano dei compromessi, che vengono indotti e sollecitati da quello che, in Psicologia, viene detto **principio di realtà**, che, però, non è applicabile a tutti gli individui.

Questo principio produce un adattamento alle singole concrete circostanze, attutendo la profondità e l'estensione dei conflitti fenomenicamente insorti e/o insorgenti. Tale adattamento dipende dal livello di maturazione della personalità, che è minimo e/o inesistente nel bambino e in chi soffre di una qualche patologia mentale, obiettivamente valutata.

Il grado di maturità agevola la risoluzione dei conflitti attraverso processi che, qui, limitiamo ai seguenti:

. la rimozione che è una dinamica di pensiero e di volontà che rifiuta le pulsioni insorte e latenti;

. la sublimazione, nel senso che l'energia di certe pulsioni viene orientata verso scopi socialmente utili, attraverso, per esempio, scelte di tipo religioso o filantropico.

15.

Legato al tipo di reazione nella frustrazione e nei conflitti è, come si è accennato prima, il grado di maturità supportata sostanzialmente dall'apprendimento.
L'apprendimento si definisce, in generale, come il crescente *accumulo* di nozioni e di esperienze che consentono miglioramenti anche in termini di produttività in un determinato campo di applicazione, pratico e/o teorico.

Fattori individuali concorrono principalmente all'apprendimento. Tra questi vanno ricordati: l'età del soggetto che apprende, il livello di intelligenza, la motivazione che stimola il soggetto, la partecipazione deliberata e consapevole all'attività conoscitiva e, non ultime, reiterate esperienze in coerenza con la disciplina scelta. Naturalmente, vi sono fattori esterni che contribuiscono ad accelerare o ad ostacolare il ritmo di apprendimento, come, per esempio, lo stimolo verso una ricompensa in qualsiasi genere concepita, diretta o immediata o prevedibile. Dal canto suo, l'inibizione o certe condizioni spazio-temporali inadeguate penalizzano tutto il processo fino a estinguere la conoscenza acquisita a quel determinato momento.

Nell'apprendimento, di rilievo appare la **memoria**, che incide, positivamente e/o negativamente, anche negli stati patologici della mente, quali:

.la fabulazione, che consiste nelle immaginazioni più o meno reali scambiate per ricordi di eventi mai avvenuti;

.l'ecmnesia, dove il passato è visto come presente attuale.

Un riferimento va fatto per l'oblio, cioè la rimozione ritenuta definitiva di esperienze. Esso, in realtà, colloca gli eventi, per così dire, *a riposo.* Ma circostanze adeguate, impreviste e/o imprevedibili risvegliano eventi e idee considerate sepolte in un angolo chiuso della memoria. La stessa terapia psicanalitica agisce su ricordi ritenuti eliminati, mentre, in realtà, sono assopiti, *dormienti* in attesa di un risveglio non sempre gradevole.

CAP. TERZO

IL LATO FELICE

DELLA FOLLIA

16.

Tutto il complesso interiore cresciuto attraverso l'apprendimento attende, diciamo così, di essere *risvegliato,* portato alla luce, edotto, cioè portato fuori. Questo processo avviene attraverso la comunicazione, che consiste nel portare a conoscenza di un altro una o più informazioni, una o più esperienze, uno o più comportamenti.

Negli stati patologici rilevante è l'*espressione,* come linguaggio *gestuale,* che si manifesta, appunto, con gesti, con la mimica e anche col tono della voce: tutti elementi che vanno obiettivante decodificati e interpretati.

Più avanti si presenta, o si può presentare, il linguaggio *verbale,* che si esprime con parole. Ma non e' detto che esso sia più qualificato a penetrare nell'animo dell'interlocutore. Sia l'interlocutore sano, cioè ritenuto *compos sui (padrone di sé),* sia quello visto in stato patologico, sono capaci di *ambiguare* una situazione inducendo a diagnosi errate. Va anche detto che il profano, spesso e volentieri, emette *diagnosi,* sulla base di pregiudizi congeniti, per semplicismo e/o per avere conferme di determinate opinioni e/o per gettare discredito su altre persone. Gli esempi al riguardo sono molti. Ogni uomo può rinvenirne nella propria esperienza diretta e indiretta. Non è facile né comodo tornare sui propri passi e rivedere giudizi espressi in precedenza in buona o mala fede. Eppure, un salutare esercizio per un vero dialogo e per un sostanziale rispetto verso gli altri deve includere una costante inclinazione a riflettere sulle azioni pregresse e su *verdetti* emanati senza cognizione di causa.

Per restringere il ragionamento, va precisato che il *folle,* comunemente ritenuto tale, spesso, non lo è. Ma a tale persona vengono arbitrariamente *attribuiti* aspetti negativi per idee e comportamenti in modo tale o in misura tale da doverli includere tra arbitrarie diagnosi di *follia.*

Da parte sua, colui che è considerato *folle* entro uno specifico ambiente, non di rado, può essere indotto a maturare dentro di sé la percezione particolare di un simile stato *patologico,* che, in realtà, patologico non è.

La *follia,* in questo caso, diventa ed è una reazione, una risposta alle sollecitazioni di una colluvie di circostanze esterne, che l'individuo percepisce, assimila e, come detto in precedenza, tende a sublimare mediante lo sfruttamento di doti naturalmente possedute e di inclinazioni maturate. Van Gogh, ricoverato in clinica psichiatrica, insegna come il suo stato mentale, manifestato nella pittura, sia stato uno stimolo di risposta valida davanti alle sollecitazioni di un mondo esterno che non lo accettava.

17.

Il rifiuto iniziale da parte dell'ambiente circostante

(famiglia, scuola, compagnie ecc.) può essere determinato da varie motivazioni. Ma una causa eccelle su tutte: si chiama invidia nei confronti di qualcuno che, per capacità intellettiva e creativa, è visto come un ostacolo alla propria affermazione personale. L'individuo, allora, si chiude in una sorta di *follia,* di separazione dal mondo, il quale attiva un processo, a volte evidente ma spesso subdolamente mascherato, che mira a colpire lo stato psichico della vittima. Questa, a sua volta, se è privo di una personalità adeguata, non è in grado di innescare reazioni contrarie e, quindi, di *integrare* le relative emozioni. Di conseguenza, da questa situazione nasce uno squilibrio che opprime la mente e che presenta una progressione anche per via della frustrazione provocata e non *sublimata.*

È uno stato che assorbe ogni comunicazione esterna secondo una visione *limitata,* insuscettibile di modificazioni positive per la persona, costretta a chiudere lo sguardo verso prospettive nuove e arricchenti il proprio bagaglio conoscitivo.

Tuttavia, anche se non si raggiunge una condizione di totale chiusura, si verificano altri tipi di reazioni o risposte davanti alle *aggressioni* provenienti dall'esterno. Gli specialisti ne richiamano alcune, come la **ciclotimia** (umore variabile), la **schizotimia** (atonia affettiva), l'**umore schizofrenico** (tono freddo, spesso accompagnato da condotta violenta).

18.

Il rapporto con l'esterno avviene mediante la consapevolezza, la coscienza di capire o no quanto avviene attorno e/o contro il soggetto.

Coscienza deriva dal termine latino **conscientia** (cum-scire, **conoscere con-)**, cioè **scientia cum,** un conoscere che accompagna il soggetto che vuole conoscere qualcosa. S.

Agostino evidenzia i due elementi della coscienza: il soggetto è cosciente di sapere (**scio me scire)** e, allo stesso tempo, è cosciente perché sa di agire (**scio me agere).**

La coscienza opera, tuttavia, in connessione con fattori fondamentali che la rendono più o meno idonea a percepire l'esterno in misura completa e con un più esteso grado di obiettività sulla duplice prospettiva di chi utilizza, per così dire, la coscienza e di chi si colloca in posizione di osservatore del fenomeno.

Infatti, la *coscientizzazione* opera sulla base di specifiche condizioni dell'organismo, di fronte a eventi pienamente o parzialmente manifesti e, infine, aspetto rilevante, in rispondenza con idee precedenti accumulate dalla memoria.

19.

In diversi punti del libro si è fatto un richiamo alla personalità.

Il termine deriva dal latino **persona**, che significa **maschera.** Può apparire strano che l'insieme dei tratti intellettivi vengano inclusi in una parola che, come la **maschera,** dà l'immagine di una cosa posticcia e, sostanzialmente, falsa.

Tuttavia, evidenziando che la **maschera,** usata dagli attori in teatro, si caratterizzava e si caratterizza per la sua fissità, si conoscerà la proprietà di tale radice verbale. Infatti, secondo Lalande, la personalità è << la funzione psichica per la quale un individuo si considera come un io unico e permanente >>.

Ovviamente, nell'Io unico e permanente rientrano fattori biologici, affettività, modalità di percepire sensitività, mente, sviluppo intellettivo, relazioni, isolamento, che danno luogo a individuazione di diverse tipologie di personalità, tra cui, per ciò che attiene le argomentazioni di questo libro, vanno ricordate le cosiddette **tipologie cliniche:**

-tipo ipertonico, o ipomaniacale (costante deviazione dell'umore verso l'euforia e l'iperattività);

- **tipo depressivo** (costante deviazione dell'umore verso la depressione o il dolore mora!e);

-tipo fanatico o paranoico (tendenza all'orgoglio smisurato e al ragionamento svolto su premesse false);

-tipo instabile (umore variabile con squilibrio);

-tipo esplosivo (violente reazioni emotive tendenti all'aggressione)

-tipo abulico (disposizione ad essere influenzato e manovrato).

19.1.

Nel processo evolutivo della personalità, un aspetto importante, limitatamente al tema di questo libro, riguarda l'**ansia,** che va distinta in:

-**ansia della realtà,** intesa come paura di un evento/oggetto/persona che si frappone minacciosamente davanti al soggetto, il quale ignora o non utilizza nell'immediato strumenti di difesa;

-ansia nevrotica, che è originata dalla paura di non riuscire a dominare i propri istinti davanti a oggetti/eventi/persone che potranno penalizzarlo e punirlo per l'eventuale fallimento;

-ansia morale, che nasce dalla paura di infrangere dettami di natura morale, nel momento in cui il soggetto si appresta a compiere una qualsiasi azione.

Tutti gli elementi fin qui esposti, frustrazioni conflitti e ansia inclusi, concorrono allo sviluppo della **personalità.** Non sara' mai bastevole ricordare che questo sviluppo avviene tanto a livello consapevole, voluto o stimolato dall'interno e/o dall'esterno, quanto a livello passivo e inconscio.

In modo specifico e nel concreto del vivere, il processo di crescita della personalità integra diversi elementi, che, qui, ricordo:

-patrimonio innato per via ereditaria (pulsioni primarie che spingono il soggetto ad agire pur senza dirigere consapevolmente le azioni);

-apprendimento, (prima considerato attraverso ritmi e modalità di diverso tenore e intensità);

-pulsioni secondarie (acquisite e *raffinate* mediante l'apprendimento consapevole);

-i processi intellettivi, sia **strumentali,** che hanno effetto tempestivo sull'evento, sia **produttori di segni,** che danno luogo ad approfondimenti di ordine raziocinante;

-**l'ambito sociale,** dove la comunicazione, il dialogo e, quindi, il linguaggio occupano un ruolo preponderante.

Tutti i fattori richiamati fin qui evidenziano l'influsso del contesto sociale in senso lato sull'individuo e sulla sua personalità e, quindi, sul ruolo che lo stesso individuo occupa all'interno di tale contesto, sulla base dalla reazione/risposta data di fronte a emozioni/eventi/persone potenzialmente *condizionanti e* provocatori contestuali di interazione.

L'individuo, in particolare, può fornire una risposta nel rifiuto del gruppo con cui, per un qualsiasi motivo, è venuto a rapportarsi o, in caso contrario, nell'accettazione di regole non condivisibili, ma successivamente rese condivise in quanto emesse dal punto di riferimento che è divenuto il gruppo, magari accentrato nella prevalenza arbitraria e indiscussa di un *capo*.

20.

Il ruolo si definisce come << l'insieme dei comportamenti che gli altri si aspettano da una derminata persona >> (Stoetzel). In altre parole, una persona tende, in generale, ad assumere comportamenti e valori che il contesto sociale più o meno esteso si aspetta da quella persona. Ovviamente, non di rado, il ruolo finisce per predominare sulla persona e per assumere, quanto meno, i *contorni* di una personalità limitata che marginalizza e/o erode caratteristiche *umane* confacenti al substrato esistenziale.

Inoltre, solo con la corrispondenza tra stato umano e umanizzante posseduto e coltivato, da un lato, e ruolo assunto per dovere, dall'altro, si può attivare una proficua collaborazione tra le persone, pur nel rispetto dei relativi ruoli sociali, senza nulla togliere alla personalità di ciascuno. Ciò significa instaurare un'interazione collaborativa che favorisce lo sviluppo delle diverse personalità, secondo obiettivi e secondo ritmi differenti dall'uno all'altro soggetto.

21.

Una particolare relazione si verifica tra medico e malato, cioè colui che, spesso semplicisticamente, consideriamo *malato,* accrescendo il *ruolo preminente dello stato di malattia* in un determinato soggetto.

Quando un individuo presenta difformità più o meno particolari rispetto allo stato e al ruolo, spesso arbitrariamente riconosciutogli, lo definiamo suscettibile di terapie, senza manifestare interesse per l'insieme della persona che si ha davanti. Nonostante asserzioni in contrario, vediamo quella persona come *maschera,* secondo il significato latino di **persona.** Il soggetto è, allora, un'autentica *maschera, anche* nel senso che tende a nascondere la vera, autentica personalità che possiede dentro il suo essere. Nel contempo, egli è cosciente di nasconderla, secondo un profondo atto di volontà, che assume il volto di una consapevole ribellione, di una reiterata risposta all'indifferenza e/o alla contrapposizione che tutto l'esterno in genere (persone ed eventi) alimenta.

In tale contesto, l'atteggiamento di colui che altri qualifican malato si rivela ostile, diffidente, testardo, vendicativo, aggressivo, per confermare, se così vogliamo dire, uno stato di malattia, che vuole essere di indifferenza verso tutto ciò che l'esterno gli presenta dinanzi e che, in realtà, è il *substrato causale* del *disagiato,* in grado di comprendere ma ostacolato in adeguate efficaci reazioni.

Rientrano in questa prospettiva le risposte del *malato* di questo tipo, il quale, per salvaguardare la propria personalità, assume posizioni di menzogna, nel senso che ricorre facilmente a camuffare la realtà e a viverla nel nascondimento e nell'isolamento anche fisico. Questo succede anche quando il *malato* di questo tipo sa di compiere azioni positive e, per giunta, ausiliarie e/o propedeutiche alla *riconquista* della personalità camuffata, nascosta, ostacolata. Non di rado questo agire viene inquadrato nella condizione di *malattia,* inducendo gli estranei ad atteggiamenti di commiserazione impropri e controproducenti. Nonostante certi attacchi esterni, il malato, spesso è in grado di attivare risposte sotto mentite spoglie, limitando i danni per se stesso e ignorando i comportamenti aggressivi degli altri. Ovviamente, non tutti gli individui possono e sanno attivare argini di difesa, costringendo se stessi ad imboccare il sentiero della depressione galoppante che conduce alla soppressione delle risorse interiori variamente possedute. Drammaticamente, gli altri riconoscono questa realtà dopo che la depressione ha raggiunto la meta finale del suo percorso.

22.

A questo punto, le argomentazioni fin qui svolte ci conducono ad un tema particolare poco affrontato: il rapporto esistente tra colpa e causa, che, di seguito, trattiamo e che risulta importante per i comportamenti e le scelte tanto in campo psichiatrico quanto, soprattutto, nell'ambito dei rapporti interpersonali, nel momento in cui si incontrano persone particolarmente sensibili, solitamente derise, oltre che semplicisticamente *incomprese,* nell'accezione più ampia del termine.

Ci inoltriamo, così, nel terreno *grigio* e, nel contempo, *saggio* della follia, poco o per niente esplorato.

È il campo dove si ravvisano *colpe* e *cause* reciprocamente inerenti tra i soggetti soccombenti, cioè i pazienti e/o *malati* da *terapizzare* seguendo un protocollo standard universale, da un lato, e i soggetti che vengono collocati e/o si *auto-collocano* su un livello gerarchicamente superiore per elaborare e praticare una qualsivoglia terapia farmacologica, psicanalitica e psichiatrica, dall'altro.

La zona *grigia* deve assumere un ruolo rilevante e, quindi, deve essere esaminata nei suoi elementi essenziali che io individuo nei concetti di *colpa* e di *causa.* Questi elementi richiedono, prima di tutto, una predisposizione del soggetto gerarchicamente preposto a scrutare dentro il soggetto *soccombente,* ad aprirsi senza riserve e, anche, a decidere di emendare l'eventuale modalità improprie con cui si rapporta nel dialogo.

Non a caso, C. R. Rodgers al termine paziente preferisce quello di **cliente,** sottolineando la posizione attiva del soggetto, che, come ogni *saggio* **cliente,** sceglie il proprio *prodotto,* nel caso specifico: la terapia, almeno nei casi in cui si individuano le zone *grigie* della cosiddetta **follia.**

22.1.

Ogni uomo tende a conservare la propria individualità con tutte le caratteristiche interne ed esterne. Rientrano in questo ambito gli elementi genetici e, in misura notevole, quelli acquisiti più o meno consapevolmente, con determinazioni libere e scelte volontarie, per quanto possibile tra i condizionamenti riconoscibili e non.

Ogni minaccia reputata pericolosa per la personalità tende ad attivare meccanismi pressoché automatici di difesa, che possono presentare anche elementi aggressivi, soprattutto quando l'io profondo è stato ed è nutrito esclusivamente di sé, senza essersi educato al riconoscimento del valore degli altri e delle esperienze proprie, sia negative sia positive, sempre utilmente collocate nel costituirsi della personalità.

Il riconoscimento interiore della presenza di *cause* specifiche e di *colpe* in tale prospettiva è un fattore che va stimolato. Ed è utile ricordare che esso avviene in rapporto ad un singolo soggetto, perché, come dice Jung, << se parlo dell'inconscio collettivo, non lo assumo come un principio; do solo un nome ad un complesso di fatti osservabili. Non ne traggo nessuna conclusione filosofica, poiché si tratta semplicemente di un **nomen...**

La psiche è la madre di tutti i nostri tentativi di comprendere la natura, ma, diversamente da tutti gli altri, essa cerca di capire se stessa: grande svantaggio, da un lato, e grande prerogativa, dall'altro! >>.

Anche dal richiamo di Jung ogni studioso e, ancor più, il profano deve apprendere la dote della prudenza prima di emettere un qualsiasi verdetto davanti a manifestazioni della psiche, nelle quali non è pienamente manifestata e manifestabile la personalità complessa di un individuo.

In questa prospettiva, persino le manifestazioni, diciamo così, *illogiche* possono raffigurare elementi interiori validi che *qualificano* la persona e che vanno re-integrati in una terapia sempre più efficace, modulando interventi in sintonia con l'inconscio tendente al nascondimento.

L'inconscio, in questo modo, presenta un aspetto di luce, spesso assai ristretto, che l'interlocutore deve saper cogliere e sfruttare. Ciò che, non sempre, si verifica essenzialmente per due motivi: da un lato, l'osservatore si colloca, come prima si è detto, in un ruolo gerarchicamente sovraordinato, donde deve dettare legge sulla base di protocolli standard; dall'altro, lo stesso osservatore, privilegiando la funzione di *curante,* forse anche inconsciamente, mira a conservare tale ruolo attraverso rapporti che, in campo psichiatrico, si presumono dover essere costanti. Insomma, si tratta praticamente di una deformazione professionale, che fa vedere nel *paziente* un soggetto da tenere sotto cura quasi per tutta la vita..

Dall'ottica del *paziente,* poi, in questo modo, la *malattia* diviene, in alcuni casi, un rifugio, perché il soggetto curante ha provvidenzialmente compreso che il protrarsi della terapia, in qualsiasi modalità praticata (

anche un periodico colloquio) diventa, quanto meno (e non è poco!), un rifugio curativo per il *paziente*. Questi assume uno *status* che lo salva dalle minacce contro la personalità, che, a sua volta, può svilupparsi, sia pure con i limiti dei condizionamenti rappresentati, soprattutto, dai parenti vicini, che lo *vogliono,* a tutti gli effetti, *malato*.

23.

Adottando un termine particolare, si riesce a chiarire meglio le argomentazioni che si vanno esponendo relativamente ai concetti di *causa* e di *colpa,* unitamente alla lesione della personalità manifestabile in colui che volgarmente e semplicisticamente è detto *folle* (lo specialista adotta criteri complessi di valutazione, dato il campo delicato sotto osservazione!).

Il termine che introduco è: **delirio.** Esso indica:

.stravolgimento del giudizio sulla realtà;

.perdita del controllo razionale.

Si comprende meglio se ricordiamo che il termine deriva dal latino **de-lirare (de-lira),** dove **lira** sta per **solco.** Quindi, **de-lirare** significa: **uscire dal solco.**

Il problema sorge quando si deve specificare le componenti del

solco, da cui si esce e/o si intende **uscire.** Il riferimento induce a chiarire e circoscrivere la natura di questo **solco,** che ci riporta a identificarlo con la *normalità,* in precedenza considerata. Dato che questa operazione è un problema, appare opportuno introdurla mediante semplici domande, che ci riportano alle argomentazioni svolte sulla personalità.

Le domande sono le seguenti:

-chi delinea il **solco ?**

-chi lo individua ?

-chi lo definisce ?

-chi ne delimita i confini ?

-chi ripara gli eventuali danni arrecati al solco e/o subiti da esso ?

-con quali metodi/terapie avviene la riparazione, ove sia praticabile ?

Sono interrogativi preliminarmente esponibili che esigono risposte caso per caso, non standardizzate. Per giunta, molte risposte non sono efficaci o lo sono in misura parziale, per via delle limitazioni di visione che ogni uomo include nella sua personalità e per via della insufficiente *visibilità* che ogni individuo lascia trasparire a chi lo osserva.

Il quadro da osservare, inoltre, si amplia e si concettualizza per ulteriori utilizzi nel momento in cui l'osservatore, in particolare, annovera una propria concezione di vita e si inoltra nella conoscenza delle inferenze individuali interiori, ambientali e culturali, che, in precedenza, si è cercato di evidenziare, evitando, fin dove era possibile, il ricorso alla terminologia settoriale, che, tuttavia, deve pur intercorrere tra gli studiosi. Per questa impostazione, i vari argomenti sono stati delineati in maniera tale che il concetto di *follia* potesse e possa includere elementi fattuali in grado di rimarcare il vasto *contesto generale predisponente* e *alimentante* una diagnosi, spesso tendenzialmente e preventivamente ancorata a pregiudizi falsanti.

Questa circostanza si verifica anche col il sostegno di una rivisitazione del passato che, fenomenicamente, ha tratti di incredibilita'. Esistono individui che hanno la *dote* di osservare e di memorizzare persino ogni discorso diretto e indiretto per operare interpretazioni errate e devianti. I giudizi dedotti variano tra il ridicolo e le manie, che vengono fatte rientrare in sintomi di *fissazioni,* di *stranezze,* di *anormalità,* quindi di *follia.*

Manca, sostanzialmente, il rispetto dell'obiettività, che permette di relazionarsi a viso aperto e leale con l'**obiectum,** con l'oggetto, sia, questo, cosa o persona o evento o discorso, comunque frapponentisi alla personale presenza. In base alla visione generale della realtà o della momentanea valutazione della persona/evento/discorso si finisce per incorrere nell'errore di sottoporre la stessa idea di conoscenza legando questa idea a contesti differenti.

Obiectum (ob=dinanzi) è ciò che si pone davanti o ciò che ci sta davanti sia come materia inerte *oggettiva* sia come realtà *soggettiva,* nel senso che stimola lo sguardo verso o contro un determinato punto di vista di fondo ovvero un punto di vista adottato temporaneamente per una motivazione qualsiasi. Alexius Meinong afferma che l'obiettività in senso specifico rimanda << all'oggettività del giudizio >>.

Ma va precisato che la stessa obiettività non è assicurata, *ipso facto,* neppure dalla ricchezza degli elementi conoscitivi di cui si può disporre, anche se, in teoria, la copiosità di dati dovrebbe fornire un corrispondente elevato grado di obiettività nel giudizio. In realtà, come già detto, la stessa memoria, se non adeguatamente, utilizzata, induce a variazioni e travisamenti rispetto all'obiettività di analisi e di diagnosi.

Di conseguenza, l'obiettività non possiede sempre un rapporto di necessità con la realtà. In effetti, come dice Hartman, l'obiettivazione risulta essere un *divenire oggetto da parte di un soggetto.* In parole più semplici, *obiettivare* è trasformare, traslocare un soggetto in oggetto.

Se vogliamo essere ancora più chiari, non va dimenticato che, spesso, ciò che consideriamo *obiettivo* risulta, in ultima analisi, ciò che *conviene* all'individuale modo di pensare. Pertanto, ciò che riteniamo obiettivo non è altro che il risultato attraverso il criterio di convenienza alternativa a quella di altri individui e, tuttavia, con valore assiomatico, come fondamentale senza esserlo, soltanto per una determinata cerchia che, almeno in qualche particolare circostanza lo ritiene condivisibile.

24.

Oltre il criterio di convenienza testé accennato, esiste un criterio particolare, che, a quanto è dato sapere, non viene palesemente ricordato a livello ufficiale, ancorché collocabile tra i pregiudizi.

Mi riferisco alla modalità di rapportarsi all'altro che chiamo *a naso*. Lo spiego nei seguenti termini, per comunicarlo meglio:

ci sono persone che dicono, ma in realtà presumono, di conoscere il carattere, se non addirittura, le intenzioni dell'occasionale interlocutore **a naso,** cioè alla maniera in cui, di primo impatto, l'istinto suggerisce: un individuo diviene, così, subito affidabile, disonesto, ipocrita o, per contro, onesto leale ecc..

Ognuno si avvede che, a parte le eccezioni, questo modo di giudicare gli individui sta ad indicare un modo assai superficiale e arbitrario di rapportarsi con gli altri.

Dietro quell'*a naso* si nasconde un'insidia, come uno che, entrando in un determinato ambiente, ne assorbisse un odore o un profumo del tutto sperimentabile. Ma l'uomo non si rivela chi è attraverso una sensibilità nasale. L'aspetto pericoloso e inaccettabile di questa modalità di contatto è il fatto che il giudicante o, meglio, il pre-giudicante, è fondamentalmente restio a recedere da tale atteggiamento, rifiutandosi di riconoscere di aver sbagliato. L'*odore,* scambiato per giudizio obiettivo, è quello percepito e introiettato.

Quindi, a detta di tali osservatori, non va revisionato né discusso. Il giudizio definitivo è quello emesso, a somiglianza dell'odore concreto che, invece, è percepibile attraverso l'organo nasale e, perciò, può essere accettato senza obiezione.

Una altro aspetto negativo di questa modalità di giudicare è che il *pre-giudicante a naso* cerca motivazioni di conferma nelle azioni e nei pensieri di colui che viene *pre-giudicato.* Di conseguenza, tutto concorre a predisporre conferme sul genere **io l'avevo detto, io l'avevo previsto, io avevo visto bene che quell'individuo era ed è strano, cioè folle.**

Non dimentichiamo, tuttavia, che gli aspetti riscontrati in una persona come normali (per esempio nel vestire), anzi facenti moda da imitare come all'avanguardia, se riferiti ad altri, denotano, sia pur arbitrariamente, la categoria del folle, del pazzo, dell'anormale. Ma tralasciamo questo argomento già in altra parte trattato. Lo chiudiamo con qualche riflessione agganciandolo al suicidio.

Va subito chiarito un dato ambiguo sulle persone che rinunciano all'esistenza. Costoro non sono generalmente prive della capacità di giudizio, che impedisce di operare una scelta estrema. Hanno o elaborano nella loro mente delle motivazioni e degli stimoli, di natura interna e/o esogena, che le spingono verso tale soluzione senza alternativa. Spesso, tra le motivazioni viene coltivata una sorta di vendetta nei confronti di chi, in vicinanza anche di parentela, ha creato condizioni tali da indurre gli individui verso il rifiuto della vita. L'aspirante-suicida non riesce a intravedere uno spiraglio per poter amare la vita. In modo particolare, non trova la forza interiore per fronteggiare apertamente i condizionamenti esteriori che gli impediscono la maturazione della personalità con il ritmo personale proprio.

Il folle non arriva, in genere, ad agire contro la propria vita. Il folle-*folle* ama, a suo modo, la vita e persegue azioni che gli producano soddisfazioni più o meno peregrine, più o meno profonde.

Non di rado, in certe circostanze, la presenza dello specialista non è di aiuto efficace.

Infatti, anche quando il paziente invia a lui specifici segnali sui quali intervenire, lo specialista tende a sorvolare e a fare in modo che siano i familiari a operare nel ruolo che gli è proprio.

Nello specifico, può capitare che il *malato* comunichi al *curante* delle circostanze che hanno generato e alimentano il suo stato *depressivo.* Ebbene?

Lo psichiatra comunica queste circostanze ai parenti rivelando che è stato il paziente a manifestargliele. In questo modo, si crea un pericoloso inconcludente circuito chiuso, contro cui agiranno, in concreto, anche i familiari.

Fortunatamente, in non rari casi, la persona da *curare* matura nel suo intimo una sorta di difesa o auto-difesa ricorrendo al lato *grigio* della depressione/follia. In questo modo, l'individuo tende a sfruttare qualche dote, ancorché latente, senza manifestarla immediatamente all'esterno, anzi nascondendola per la maggior parte di tempo possibile. Gli altri possono giudicare questo atteggiamento come di menzogna. Ma si rivela forse l'unico ausilio consentito per scongiurare il fallimento totale dell'esistenza del malato.

Alimentare questo *lato grigio* della depressione/follia è il fondamento del successivo spazio *felice* in cui la persona può agire, contrastando le difficoltà insorgenti nello sviluppo della personalità.

Il ruolo della menzogna diventa, quindi, accettabile nella visione di un'esistenza che altri, più o meno consapevolmente, tendono a comprimere. La *follia considerata tale* si rivela, allora, una forma di depressione, che, fortunatamente, ma non sempre, viene, come dire ?, *auto-terapizzata* senza aiuto esterno, anzi: nonostante confliggenti condizionamenti esterni. Senza quell'auto-terapia, la soluzione sarebbe il suicidio, che il folle-*folle,* in genere, eviterebbe per via della sua personalità a ridotto raggio.

Il depresso, dotato di una forza interiore, trova la capacità di rapportarsi con l'esterno, sviluppando se stesso nella chiusura pressoché totale verso il mondo, acquisendo, per così dire, uno stato permanente di folle.

Una similitudine a questo comportamento è ravvisabile, senza offesa né giudizio negativo, negli eremiti, invero sempre in decrescita, che scelgono di vivere rapportandosi unicamente con Dio e rimuovendo ogni richiamo che minacci tale rapporto.

25.

Prima, si è accennato al rapporto tra specialista, *malato e* familiari, introducendo concetti di *colpa* e di *causa.*

Si tratta di due aspetti da non trascurare nel momento in cui si riflette su *malattie* che ineriscono la psiche. La psiche, come visto nei primi capitolo, è una componente dell'uomo, che interagisce in varia misura e con differenti modalità. Neppure lo specialista è indenne dall'influsso che essa esercita nell'operare e nel pensare dell'uomo, spesso e primazialmente a livello inconscio.

Tale influsso, generato a livello inconscio, interferisce nei giudizi e nella condotta, a mo' di sovrapposizione spontanea che periodicamente riemerge anche nella comunicazione e nei rapporti sociali, senza che l'interlocutore sappia discernere tra ciò che è esito di ragionamento, fa un lato, o emersione di prospettive immagazzinate e sedimentate, dall'altro.

Questo discorso è legato ai concetti di *causa* e di *colpa,* spesso trascurati quando si tratta di formazione dell'uomo, processo, questa, di ampia complessità soprattutto nel momento in cui si evita di valutare, con la più ampia profonda lealtà, la *colpa e* la *causa* di determinate condotte.

25.1.

L'individuazione teorica della *colpa* e della *causa,* riguardante ogni fenomeno, non ci esime dalla concreta disamina su azioni/operatori cui può essere attribuito il ruolo o un ruolo di causa e/o il corrispondente gravame dell'eventuale colpa.

Per aversi *colpa* occorrono tre condizioni: fatto grave, totale consapevolezza di ciò che si compie, consenso libero.

Per aversi *causa* occorre dimostrare che il soggetto/operatore, davanti a fatto/*colpa grave*, ha agito con piena avvertenza e incondizionato consenso finalizzato a provocare una situazione irreversibile.

25.2.

Ogni uomo nasce come un'isola, ma può non crescere come isola.

Almeno, non sempre, generalmente parlando, egli può crescere come isola in senso assoluto. Per qualche tempo e in qualche circostanza, egli, pur non volendo, è costretto a dismettere la posizione di isola o isolato. Egli è naturalmente cicondato dal mare ora tranquillo ora agitato e minaccioso contro cui deve attrezzarsi.

Spesso, anche l'inclinazione all'isolamento deve contrapporsi a situazioni esterne che inducono l'individuo a disinnescare, sia pure provvisoriamente e/o temporaneamente, la stessa tendenza, supportando questa circostanza persino con argomenti surrettizi.

Sta di fatto che i rapporti sociali e/o interpersonali in genere originano e/o acuiscono contrasti in direzione opposte. È, peraltro, da rilevare che le situazioni di tranquillità e di opposizione si possono alternare senza obbedire ad un calendario regolare, in conseguenza di circostanze fortuite e indipendenti, non prevedibili né preventivabili.

Le situazioni arrivano a replicarsi con modalità identiche e con intensità di pari grado che, ad uno sguardo o a seguito di analisi, possono configurarsi come provenienti da un soggetto privo di senno, cioè **folle** anche nel senso più grave del termine.

Così, la realtà sostanziale o storica, come dicono i giuristi, invece, non appare e non è rispondente alle caratteristiche con cui un evento o una persona si manifesta. Il giudizio errato può essere espresso anche davanti a fattori che vengono descritti in maniera tale e con dati talmente incontrovertibili da supportare validamente il sillogismo che lo precede, conducendo a valutazioni errate, cioè contrarie al vero.

Questa osservazione fa intravedere e concludere che, se ogni uomo è un'isola, è, pur davvero, un'isola particolare, vivente, da esplorare con strumenti adeguati e sempre rinnovati, con prudenza serpentina, infine con il rispetto necessario che va riservato all'esperienza sedimentata nella memoria esistenziale, spesso dormiente e silente, dell'individuo. Tale processo, del tutto caratteristico e delicato, non è agevole da condurre.

Infatti, non si può e non si deve dimenticare che l'osservatore, anche se specialista, e lo strumento dell'osservatore non sono naturalmente dotati di perfezione visiva, che, anzi, va costantemente affinata dall'esperienza e dalla riflessione.

Tenendo conto di questi elementi, è più agevole comprendere la relazione intercorrente tra *causa* e *colpa,* che si individua oltre i singoli episodi registrabili nell'esistenza dell'uomo-isola finora astrattamente considerato.

Isolarsi in questo modo, rendendosi conto della propria *follia,* appare ed è un'operazione da saggi, che esula, ovviamente, dalla *normalità statistica,* di cui si è fatto cenno nelle prime pagine. Per contro, *ingolfarsi* nella propria *saggezza* e' da autentici folli. Il *folle de-lira,* cioè esce dal solco delle banalità quotidiane, delle chiacchiere, per recuperare gradualmente uno spazio di libertà che e appagamento di risorse possedute e incrementate.

Il *saggio,* considerato tale o sedicente tale, insegue percorsi esterni a se stesso e agli altri per conseguire un sostegno peregrino e fasullo, correndo tra la nebbia di una moltitudine povera e depauperante. Il *folle,* iinvece, è lucido nel suo isolamento produttivo.

In questo contesto, anche lo psichiatra troppo *normale difficilmente* risulta efficace nel rapporto con quelli che Vittorino Andreoli chiama con affetto << i miei cari pazzi >>. Con tale *affettuoso* approccio, anche la terapia diventa efficace e gioiosa, al di sopra di una preparazione prettamente libresca, priva di una maturazione riflessa emanante da una profonda simpatia con l'altro.

Secondo tale indirizzo, la terapia dello specialista deve integrare l'*auto-terapia* del cosiddetto paziente, che viene stimolato ad agire sulle sue risorse, almeno fino a quando la diagnosi non racchiuda sintomi di gravità dovute a lesioni cerebrali irreversibili.

A volte, si è in presenza, però, di temperamenti, per così dire, *liquidi,* sui quali lo specialista e i congiunti del malato finiscono per agire in varie direzioni, ma, comunque, tutte opposte alla valorizzazione delle risorse del soggetto da *terapizzare.*

Spesso, antecedenti pregiudiziali legate anche all'ambiente familiare precludono la crescita della personalità, contemplando il soggetto tra le persone *anormali.* Ma questo avviene soprattutto per la debole propensione del soggetto ad emergere anche quando sussistono valide ragioni dal punto di vista personale.

Non di rado, nel soggetto, prevalgono anche ragioni di natura *morale* ad imporgli reazioni di accondiscenza nei confronti degli altri, soprattutto familiari. Non volendo procurare del male e, anche, semplici dispiaceri, il soggetto tace, non si oppone apertamente. Pur tuttavia, non sempre è una rinuncia, in quanto, per così dire, viene indirizzata verso una diversa reazione, ancorché non accolta favorevolmente nel momento in cui è resa manifesta. In quello stesso momento quell'azione nata per non urtare anche i familiari perde la valenza originaria e accresce sia lo stato depressivo-folle sia il grado di chiusura, nonché il proposito di difendersi ricorrendo al nascondimento, a quella che, fenomenicamente, è considerata comportamento menzognero. Il depresso ricorre anche alla menzogna, ma lo fa per rifugiarsi in uno spazio esistenziale quotidiano dove gli altri non riescono a penetrare con comprensione e con lealtà, cullandosi nella torre della loro folle *saggezza* che si autoalimenta del vuoto quotidiano.

Il *folle* ricorre alla difesa e trova rifugio in quella che il mondo circostante continua a definire *follia,* volendo perfettamente ignorare che tale follia è definita esclusivamente in riferimento a numeri, alla statistica.

Dal canto suo, la Psicologia può capire, inquadrare i problemi della persona, ma il problema dei problemi riguarda la soluzione che si innesta sulla sedimentazione degli eventi, di cui il soggetto è protagonista e/o vittima.

In via prioritaria, va sempre tenuto sempre che si parte da un concetto di normalità, per così dire, *naturale.* Ad esempio, è normale che un bambino nasca dall'accoppiamento di una donna con un uomo.

Per quanto riguarda la Psichiatria, è significativo quanto scrive A. C. Grayling nel libro **LA RAGIONE DELLE COSE**: << La sanità mentale necessita della follia per la propria stessa sopravvivenza. In condizioni normali chi è sano di mente cerca, in conseguenza, di procurarsi forme temporanee delle sue più piacevoli manifestazioni: dalla euforia che procurano le feste agli stati non altrettanto salutari indotti dall'alcool, dalla cocaina e da altre sostanze che alterano la coscienza. >>.

Dal canto suo, B. Pascal afferma: << Gli uomini sono così necessariamente pazzi che sarebbe essere pazzo, con un altra forma di follia, il non esserlo >>.

Questi riferimenti devono indurci alla cautela nel momento in cui pretendiamo trarre conclusioni con giudizi tendenti a confermare i personali pregiudizi da cui muovono, non di rado, le nostre osservazioni su stati individuali che, anche relativamente alla salute mentale menomata, riflettono una sofferenza in ambito relazionale, familiare, sociale, lavorativo.

Si può, ora, integrare la concettualizzazione dell'argomento colpa-causa lasciato in sospeso, nell'ambito del rapporto intercorrente tra loro, soprattutto quando si verificano eventi che implicano la presenza contestuale e/o l'azione di due o più soggetti.

Disambiguaiamo, innanzi tutto, i due concetti, non separandoli da vincoli di responsabilità rispetto ad un rilievo prevalentemente giuridico e religioso, entro cui, di immediato acchito, si tende a collocarli.

Sul piano giuridico, l'elemento dirimente tra colpa e causa è il fatto, cioè, in ultima analisi, quella che, in gergo, viene indicata **verità processuale.** Secondo questa ottica, l'interconnessione tra *colpa* e *causa* emerge esclusivamente dagli atti acquisiti nelle indagini e dal dibattimento nell'aula di tribunale. Di conseguenza, il verdetto sarà emesso sulla base di una sorta di *tabula,* dove vengono idealmente riportati gli elementi a favore e contro una specifica responsabilità. Certamente, il giudizio non è sempre *somma giustizia,* considerato che, già nell'antica Roma, Cicerone scriveva:<<S**ummum ius, summa iniuria >>.**

Il monito ciceroniano deriva da due riflessioni: da un lato, il giudice non è completamente in grado di valutare, nella complessità dell'atto in giudizio, la corretta delimitazione tra colpa e causa all'origine del fatto stesso; dall'altro, lo stesso oggetto di giudizio non sempre viene descritto adeguatamente per scindere colpa e causa.

Non per nulla, la presenza dell'avvocato mira a garantire l'equilibrio delle parti. Egli, per questo, è vincolato al segreto professionale e, a sua volta, il cliente è tenuto a dire la verità al proprio difensore senza alcuna riserva. Infatti, propriamente, si ricorda, in ambito forense, che chi d**ice bugie al difensore dirà la verità al giudice.** Questa raccomandazione non deve sembrare uno stimolo a raccontare menzogne. Essa significa che, esponendo i fatti nel loro reale svolgimento, sarà più agevole e più efficace ricostruire una dinamica tra *colpa* e *causa,* favorendo una sentenza ragionevole e il più possibilmente giusta, anche in considerazione della distanza temporale più o meno lungo da cui lo stesso fatto è caratterizzato.

A monte di un evento va registrata una *causa,* cioè una motivazione o un evento precedente che si unisce al successivo oppure se ne distingue, pur conservando l'elemento *causale.* Come già osservato, il depresso mente e coltiva la menzogna quale conseguenza di una *causa* che è rappresentata dal fatto che chi gli è vicino crea uno stato di insicurezza e di impedimento davanti a scelte appagative.

L'aspetto-*colpa* può seguire o precedere il fatto *causante,* ma non è detto che si accompagni alla *causa.* Le liti in tribunale rappresentano un esempio valido secondo questa prospettiva. Infatti, può costituirsi *causa* senza contesto di *colpa,* che, come già visto, si costituisce nel momento in cui il soggetto operante ha chiara consapevolezza e deliberato consenso su ciò che sta per compiere e compie.

Di fronte alla complessità dei fatti concreti il singolo si trova a scegliere tra opzioni diverse e/o contrastanti che possono far emergere elementi distinti o univoci di *colpa* e di *causa.* Ma la complessità resta.

Sarà, allora, compito del filosofo, come dice Robert Nozick, << recuperare la capacità di scoprire la complessità nelle (delle) cose semplici e la semplicità in ciò che appare complesso >>. In particolare, per i filosofi morali o, comunque, per quelli che rivolgono maggiore attenzione alla sfera pratica, dove si nota il rapporto tra *causa* e *colpa*, un modo per semplificare è chiedersi sempre quale ruolo occupa il ragionare nelle decisioni.

Chi ritiene di avere una qualsivoglia porzione di colpa, peraltro già preventivata nell'insieme di un progetto, elabora, in genere, una *causa* da esibire in un eventuale dialogo o giudizio. La *causa* viene rappresentata come una valida motivazione per esimersi dalla individuazione di *colpa* proveniente da un soggetto.

Gli elementi *causali* sono costruiti in modo che siano rintracciabili e, quindi, siano in grado di attenuare e/o eliminare ogni porzione di *colpa* residua.

Come si può intuire, *causa* e *colpa,* in questa ottica, si intrecciano e si interscambiano i ruoli, i processi e l'attività, spesso in misura ambigua e, quindi, non sempre facilmente distinguibili.

Prendiamo come paradigma chiarificatore, da un lato, il suicidio e, dall'altro, l'omicidio.

Nell'omicidio, *causa* e *colpa* possono essere rilevate e

distinte in maniera chiara, anche nella reciproca inferenza. È evidentemente un rilevazione in senso obiettivo che, qui, viene operata, astraendo dai singoli episodi concreti, dove gli elementi attribuibili alla *causa* e/o alla *colpa* possono essere molteplici e contribuire a rivelare attenuanti e/o aggravanti a carico del soggetto protagonista.

Nel suicidio, i due elementi emergono in modo confuso per una ragione semplice: il soggetto, che è anche oggetto del suicidio, viene, per così dire, *analizzato* quando è ormai scomparso, dopo aver operato la sua scelta irreversibile sulla base di una serie di circostanze interne/esterne che egli non ha saputo o voluto fronteggiare. In tal modo, la sua *follia* è stata allevata come *depressione* grigia, insicura e, in ultima analisi, letale. Si è trasformata in *depressione,* noia del vivere. Infatti, il suicidio non procede, obiettivamente parlando, da una mente in qualche modo malata con relativo trattamento psichiatrico costante nel tempo. Esso è, invece, l'esito di una serie ininterrotta, più o meno latente, di episodi individuali che soprattutto il soggetto medesimo ha ritenuto *fallimentare* in riferimento, alla *normalità* statisticamente considerata. Il suicidio, generalmente esaminato, si palesa come evento che procede da una personalità dove la capacità di giudizio non è sempre minima. Anzi, la capacità di elaborare concettualmente esperienze rende il soggetto maggiormente esposto a fare violenza sul proprio corpo, soprattutto in relazione alle aggressioni di vario genere subite provenienti dall'esterno.

La domanda, a questo punto, è o potrebbe essere la seguente: **dove sta la colpa e dove sta la causa in modo chiaramente distinguibile ?**

La risposta è pressoché impossibile, data la difficoltà

dell'altro (familiare, operatore ecc.) a raggiungere l'interiore vita del soggetto.

L'unica difesa che il soggetto può trovare è quella che, in altra parte del libro, abbiamo descritto come *anormalita',* alimentando una profonda *follia,* che possiede il lato *felice* capace di contro-aggredire le aggressioni degli altri.

26.

L'itinerario fin qui esplorato ci riconduce al concetto di uomo come un'*isola,* circondata da quell'esterno che è il mare, ora tranquillo ora agitato da onde improvvise, che hanno le cause in profondità, spesso, purtroppo, non discernibili anche nella intrinseca gravità se non quando hanno provocato danno. Il richiamo geografico ci riporta all'evento-suicidio, dove causa e colpa si intrecciano, nel senso che la *causa* sostanziale e la *colpa* vera risiedono all'esterno.

Prova ne sia che il mondo esterno, generalmente costituito, davanti al suicidio si chiede se poteva essere, in qualche modo, evitato con un compatire reale e anche saltuario. Emerge, insomma, un improvviso *senso di colpa.* Ma, oltre che repentino, questo *senso di colpa* si rivela anche peregrino, del tutto occasionale, in quanto non produce alcun mutamento davanti alle future pressoché simili circostanze che, con una limitata compassione, potrebbero essere sanate.

Al soggetto sofferente, quindi, non rimane che scoprire il *lato felice* follia, abbandonando la condizione depressiva dell'anima, che finisce per essere una costante tortura da dove difficilmente si riuscirà ad allontanarsi.

Coltivando tale aspetto, ciò che, per gli altri, è follia, per il soggetto sofferente rappresenta una liberazione dai legami con un mondo circostante che, per le più svariate ragioni, impedisce di trovare appagamento delle proprie profonde aspirazioni.

Quindi, ogni esperienza personale rimane chiusa dentro i suoi propri valori, che, allo stesso tempo, costituiscono apertura ottimale verso tutto ciò che è esterno.

Ma l'esterno va *introiettato* attraverso il vaglio dei valori costituiti e maturati con convincimento. In una parola, l'atteggiamento di difesa si configura anche atteggiamento di apertura nel momento in cui ciò che vive, pensa e opera all'esterno viene valutato secondo l'effetto appagativo a favore del soggetto. Il passaggio dall'atteggiamento di difesa a quello di apertura e/o viceversa è una condizione accogliente e *felice* della *follia,* dove il soggetto ha, come dire?, *trasferito* l'esistenza prima sviluppatasi e sviluppata in un costante stadio disappagante di *depressione.*

In questa prospettiva, l'individuo rimane aperto alle sue esperienze interiori ed esterne, guadagnando progressivamente aspetti relazionali a vantaggio della personalità, nel momento in cui supera positivamente lo stadio spontaneo di difesa pura e inconcludente. Tale atteggiamento finisce per favorire e incrementare anche una certa attività *creativa,* che, altrimenti, verrebbe inibita dallo stato di difesa puro scatenante in una depressione continuamente evolventesi e, prevedibilmente, risolvibile solo in esiti di estrema gravità contro la persona.

Nel *lato felice della follia,* in effetti, riemergerebbe la natura positiva dell'essere umano, che il mondo circostante tende, *colpevolmente* e/o *causalmente,* a sopprimere sia per leggerezza sia per invidia sociale sia per altri interessi destinati a restare latenti.

Quando il soggetto si libera o viene liberato dallo stadio passivo di depressione, lo sviluppo della personalità avviene e si protrae in modo naturale.

Inoltre, si registra via via l'apertura verso l'ampia gamma dei bisogni e delle esigenze individuali in connessione con le qualità possedute e con le esperienze acquisite, anche in opposizione agli ostacoli che la società nel suo complesso erige.

Di conseguenza, la condotta del soggetto si presenta ordinata perché è coerente con il soddisfacimento delle risorse individuali. Entro questo operare, il soggetto è determinato da valide e validanti motivazioni interne e dall'acquisizione critica di dati esperienziali esterni che ne rendono ricca e stabile la personalità. Allora, la complessità soggettiva interna raggiunge traguardi di forza che sostengono la stessa esistenza.

Essa stessa si configura come ineludibile elemento che sente, che pensa, che agisce, che discerne, contrariamente al fatto di essere l'automa *depresso* continuamente sotto attacco di altri e di altro, che comprimono gli spazi liberi e felici della *follia,* che, in questo testo, si vuole, in qualche modo, *riabilitare.*

Certamente, un problema che il soggetto si pone rimane quella che può essere l'interpretazione che gli altri danno e/o possono rintracciare ed esibire sull'atteggiamento di difesa e/o di apertura che il soggetto sceglie di sviluppare come fattore portante e caratteristico della sua personalità. Ma è un rischio che va preventivato, anche se non se ne dovesse verificare la circostanza. È sempre meglio elaborare uno spirito di pronta reazione in modo che il soggetto conosca le possibili armi da estrarre, di fronte all'attacco esterno che, nella maggior parte dei casi, hanno, principalmente un nome: cioè, il pre-giudizio, un criterio di affrontare le persone secondo fattori pre-costituiti, pre-confezionati sulla base di interessi specifici.

La *colpa* può rimanere esclusa dalla *causa,* nel senso che, non esistendo sinergismo automatico tra i due fattori, la *colpa* non può sussistere se il soggetto presenta un deficit morale caratterizzante la vera e propria demenza (da *de-mente= fuori di mente),* esclusa, a sua volta, anche da ogni valutazione in ambito giuridico. Insomma, va ribadito che, ancorché in presenza di un fatto di inaudita gravità, non registrasi *colpa* in mancanza di volontà e di pieno consenso. In parole povere, il mondo esterno si rivela una causa ma sempre senza colpa.

In ambito giuridico, tale circostanza può contemplare delle attenuanti, ma è altra cosa dall'ambito strettamente morale legato alla profonda coscienza, dove va evidenziata la colpa in senso stretto e il corrispondente *senso di colpa.* In campo religioso, questa circostanza induce il fedele a confessare la propria responsabilità, sentita secondo un grado differente.

Ma, qui, non si compie nessun ragguaglio specifico di natura religiosa. Può essere utile richiamare l'attenzione sui concetti di percezione e appercezione così come li presentano alcuni autori, soprattutto per comprendere l'atteggiamento più o meno voluto del soggetto che dalla depressione progressiva e costante si avvia verso lo stato o lato *felice* rinvenibile e offerto nella *follia,* come è stata trattata in questo libro.

Wundt, in **ELEMENTI DI PSICOLOGIA,** definisce l'appercezione come << singolo processo tramite il quale ogni contenuto psichico viene portato al livello della chiara comprensione >>. Quindi, percezione e appercezione sono aspetti dello stesso accadimento, che conduce il soggetto ad approfondire risorse interiori e a modificare in senso personale il contenuto della coscienza, mediante elaborazioni concettuali che prescindono dalle difficoltà di eventuale *disturbatori,* familiari e operatori sanitari compresi. Quindi, l'appercezione, originata dalla percezione epidermica di contenuti evidenti, si configura come un insieme coordinato di volizione, di sentimento, di elaborazione concettuale, a prescindere dalle valutazioni e dalle indicazioni più o meno interessate e più o meno efficaci provenienti da ambiti esterni. Da tali valutazioni e indicazioni il soggetto deve, anzi, prescindere nel momento in cui mira a conquistare uno spazio appagante in un'esistenza da altri soffocata e variamente compressa. Tale reazione respingerà anche certa obbedienza automatica a direttive esterne, impedendo, se così si può dire, un certo deterioramento appercitivo, che chiude ogni visione gioiosa nel vivere quotidiano e può degenerare in esiti pericolosi, con lamentazioni su colpe che si dovevano e si potevano evitare e che evidenziano il ruolo obiettivo di cause spesso volutamente messe in atto, sperando in influssi benevoli ma temendo conseguenze dannose, che, puntualmente, si verificano, originando quel che si delinea come **pianto di coccodrillo.**

Quando si percepisce come *fuori posto* in indeterminato ambiente, che gli opprime ogni respiro di libertà, il soggetto presenta dei sintomi di quel fenomeno che C.

G. Jung chiama **affettazione.** Emergono, allora, manifestazioni come l'eccentricità, ai limiti della mania di originalità e, persino, comportamento falso, che, come rilevato altrove, costituisce parte di quel lato *felice* della follia, scoperto e utilizzato, anche se, purtroppo, non da tutti i *sofferenti,* come strumento psichico e reale di difesa contro un ambiente sociale aggressivo.

L'ambiente esterno, pregiudizievolmente ostile colloca anche l'**affettazione** di cui parla Jung nel contesto di comportamenti *anormali,* fuori del *solco* ritenuto *normale.* Ma rimane chiaro che la *follia,* se non generata da cause organiche, risulta un mezzo *saggio* ed efficace di difesa cui l'individuo ricorre per salvare se stesso ed eliminare quel grado di depressione che, in troppi casi, ha esiti letali.

Al riguardo, appare opportuno richiamare l'attenzione su un'altra situazione di *follia:* parlo degli eremiti, che sono una lampante contraddizione, sia pure in via eccezionale, con quanti, a cominciare da Aristotele, dicono che l'uomo è un **animale politico,** cioè per natura destinato a vivere in società.

Ebbene?

Gli eremiti smentiscono questa affermazione con un'esistenza di isolamento e di rifiuto del mondo e di tutto quello che questo mondo offre e può offrire. Coloro che giudicano strana e incomprensibile la rinuncia alle cose e ai vari piaceri mirano ad altri obiettivi, non concettualizzano, il più delle volte, che anche il *disordine dei sensi,* ancorche' *splendido,* non produce la felicità preventivata nei sogni.

In queste circostanze, soltanto il *folle* eremita si presenta *saggio* e *felice,* perché in tale *follia* ha scoperto il lato gioioso del vivere, nonostante gli aggressivi attacchi dell'esterno.

Ovviamente, non bisogna illudersi che tale condizione di privilegio individuale assuma un carattere definitivo.

La coscienza dell'obiettivo (andare oltre lo stato depressivo) è il primo passo della coscienza. Ma ad esso vanno via via acquisite modalità di conservazione di fronte alle sempre nuove esperienze, che pongono alla prova il soggetto.

In effetti, anche la descrizione scientifica della psicologia riguardante la forma più grave di malattia mentale, cioè la demenza, ha, a detta di Jung, un valore limitato. Con ciò questo Autore chiede di aprire sguardi che oltrepassino e superino le singole osservazioni, che, in realtà, si desumono sempre applicabili pressoché esclusivamente ad un singolo caso in esame, anzi: in osservazione.

Il termine **esame,** infatti, prelude ad una sentenza finale, dove i fattori di *colpa* e di *causa* tendono ad intrecciarsi e, persino, a confondersi, in una conclusione indotta e predeterminata anche da visioni personali di ordine puramente teorico.

L'**osservazione** è un atteggiamento che mira a vedere e contemperare aspetti particolari in un *unicum plurale,* che impedisce una sentenza definitiva e che, a gradi e a inferenze, evidenzia *cause o causa* unitamente a eventuali *colpe* o *colpa.*

Secondo questa impostazione è evidente che, nel soggetto, visto nella sua complessità esistenziale, il processo ideativo e/o creativo continua a persistere, anche se, per gli influssi esterni variamente rammentati, può essere rallentato e/o messo nel limbo di un oblio che *ricorda,* per un intervallo di tempo più o meno lungo, persino di numerosi anni, fino ad essere efficacemente riattivato in età adulta e in vecchiaia. Si dà il caso di persone che, impedite nel valorizzare proprie risorse dall'ambiente circostante (famiglia, amicizie, gruppo ecc.), hanno coltivato in modo latente le pur valide qualità personali, per, poi, manifestarle in occasioni favorevoli o, anche, come reazione *sollecitante* e *stimolante* di circostanze sfavorevoli.

I blocchi della personalità più o meno lunghi possono condurre a esplosioni reattive contro tutto e contro tutti. Ma ciò non avviene che per una platea ridotta di soggetti. A motivo di questo dato di fatto l'osservatore deve saper intervenire guardando oltre i confini che il soggetto *osservato* permette di lasciar vedere. Il *fenomeno,* nel senso di *ciò che il soggetto lascia vedere,* è, non di rado, limitato a ciò che *il soggetto vuole far vedere,* anche davanti all'esperto, il quale preferisce coalizzarsi con i familiari del medesimo soggetto, assumendo per valido quanto da costoro viene raccontato, talvolta arricchito di orpelli descrittivi a condanna predeterminata. Questi concetti corroborano la critica che Jung rivolge al riguardo, laddove lamenta che << la conoscenza in fatto di Psicologia normale è, purtroppo, ancora a livello primitivo >>.

La percezione di uno stato di pericolo provoca una sensazione contraria di paura, anche se, a volte, questa paura viene esorcizzata mediante la valorizzazione di risorse. Ma, se il soggetto soccombe all'ambiente in senso lato, le risorse, ancorché conosciute intimamente, vengono categorizzate nell'ambito spregevole e rischioso del fallimento della personalità nel suo insieme, con l'esito conclusivo che tutti (e qui mi riferisco al mondo circostante!) proclamano di voler scongiurare. Non di rado, la realtà evidenzia le conclusioni di molteplici fallimenti, ai quali molte persone, *colpevolmente* e/o *causalmente,* hanno collaborato in misura più o meno attiva.

Purtroppo, come scrive Jung ne **IL CONTENUTO DELLE PSICOSI,** << la psichiatria, l'arte di sanare la psiche, rimane ancora sulla soglia, invano cercando di pesare e misurare come si fa negli altri campi della scienza. Da molto tempo sappiamo che abbiamo a che fare con un organo ben definito, il cervello, ma, solo al di là di questo e al di là del substrato anatomico, arriviamo a quella che, per noi, ha veramente importanza: la psiche, come sempre impalpabile, che elude tuttora le nostre interpretazioni per ingegnose che siano.>>.

Con queste parole il libro può essere felicemente concluso, perché provengono da un vero scienziato, che, va ricordato, è colui che sa mettere in crisi la sua ricerca e i risultati di essa, sempre provvisori. Ancor più cauti bisogna essere se tali risultati riguardano l'anima, la mente e il cuore dell'uomo, che, si sa, è polvere.

Indice

-Cap. Primo: l'uomo davanti al mondo circostante

-Cap. Secondo: La personalità

-Cap. Terzo: il lato felice della follia

Edizione: luglio 2018

,

www.ingramcontent.com/pod-product-compliance
Lightning Source LLC
Chambersburg PA
CBHW031359250726
48656CB00016B/1388

* 9 7 8 1 9 8 3 2 6 9 0 3 5 *